AF466941

DES INTÉRÊTS
DE
LA RÉPUBLIQUE FRANÇAISE
ET
DE TOUTES LES PUISSANCES
DE L'EUROPE.

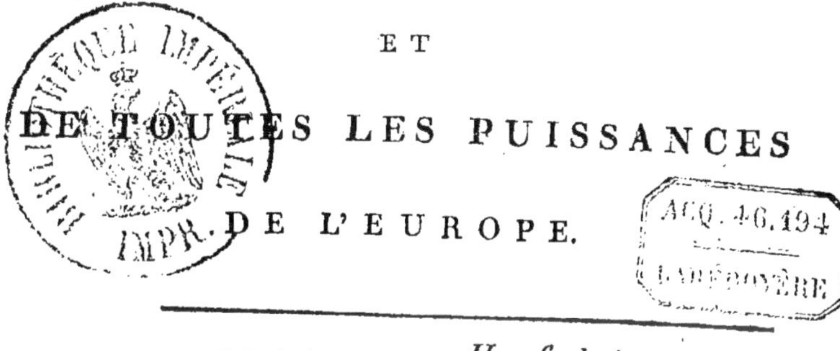

. . . . *Has fœderis aequas*
Dictavit natura leges. . . . . . .

PAR ESCHASSERIAUX AÎNÉ.

L'ISSUE de la bataille de Pharsale fut la perte de la république romaine ; les derniers Romains n'eurent plus qu'à s'ensevelir dans les champs de Philippes : vingt siècles de servitude ont lui depuis sur leur tombeau. Peuples de l'Europe, fixez un moment cette grande époque des destinées humaines : quelle grande instruction pour vous !

Tandis que le sort des combats va décider sur le Rhin de celui de vingt générations ; tandis que le cœur de tous les vrais amis de la liberté invoque pour la plus juste des causes les succès qui doivent la couronner, je viens au milieu de cette lutte sanglante, déja célèbre par le triomphe des armes républicaines, je viens examiner les intérêts des diverses puissances et les conséquences de cette guerre terrible.

Qu'une politique étroite pèse dans sa balance les rapports et l'intérêt de chaque Etat, s'attache à pénétrer ses desseins, à suivre les projets de son ambition, à calculer et prédire la chûte ou la grandeur de sa puissance; qu'une politique, plus astucieuse que profonde, cherche à l'avenir un vain équilibre et une paix trompeuse dans des alliances, dans des intrigues de cour, dans des traités ou des intérêts de commerce: je crois que c'est là poursuivre une chimère; je crois que c'est dans l'intérêt général des gouvernemens et des peuples de l'Europe, que vous trouverez les fondemens d'une paix durable et un terme à toutes ces guerres désastreuses qui ont ensanglanté depuis trois siècles la plus belle partie du continent.

Dès l'instant qu'une guerre est allumée, ce n'est plus la raison, c'est la force qui décide; l'orgueil ou la haine animent seuls les belligérans, l'épuisement du sang vient seul arrêter son effusion, la ruine commune et l'impuissance viennent entamer les premières négociations: c'est l'histoire de tous les temps, de toutes les guerres et de tous ceux qui les ont dirigées; c'est l'histoire des hommes et du temps présent. Ces vérités ne doivent point s'appliquer cependant à un peuple qui combat pour être libre, qui doit combattre jusqu'à ce qu'il ait vaincu, jusqu'à ce qu'il puisse dire: ma liberté est enfin à moi. L'or et le sang des peuples sont versés par torrens depuis quatre ans, par un parti qui n'a écouté que ses haines politiques, que la raison seule peut ramener à la justice et à ses véritables intérêts. La guerre présente n'est plus la cause de quelques cours, de quelques gouvernemens, de quelques peuples, c'est la cause de tous; c'est à eux à la juger.

Quels sont les intérêts des puissances belligérantes et des autres puissances de l'Europe? quels sont ceux de chaque État particulier? quels sont les intérêts de la France dans cette guerre? quels sont ses droits? C'est ce que je vais approfondir. Ce que je vais dire n'est point écrit dans les livres ni dans les sophismes de la diplomatie, mais dans la nature même des choses. J'ai tracé dans le temps les malheurs où nous avoient conduits, depuis trois cents ans, les erreurs et les crimes de cette diplomatie; j'ai révélé les secrets et les attentats du despotisme, réclamé avec énergie les droits des peuples; j'ai démontré les principes sur lesquels un peuple républicain doit fonder sa politique: je vais parler pour les intérêts de tous.

Quels sont les intérêts de la France?

Nation agricole et commerçante, ses intérêts sont de consolider ses lois, de jouir en paix des fruits de son industrie, de cultiver ses arts qui font depuis deux cents ans sa gloire et sa richesse, de voir ses peuples heureux, son commerce libre, et son pavillon respecté aller porter aux nations étrangères les produits de son travail et de son territoire.

Placée au milieu des peuples de l'Europe, ses intérêts sont de jouir de leur amitié et de leur bienveillance. Mais lorsqu'elle a été attaquée sur tous les points de son territoire; lorsqu'elle a été forcée, pour la défense de sa liberté, à une guerre presque générale, elle a droit de prendre tous les moyens d'assurer à jamais son indépendance contre les attaques imprévues d'un ennemi ambitieux ou jaloux.

Pour affermir son existence politique, elle a droit, sans orgueil et sans prédominance, de prendre parmi les autres puissances le rang que lui assignent un sol fertile, une riche industrie et une population de vingt-sept millions d'hommes actifs et courageux; elle a droit de vouloir un système d'harmonie politique qui fonde sa tranquillité avec celle de toute l'Europe. Certes, ce seroit repousser les premiers principes du droit des gens, que de contester à la république française ces droits qui sont ceux de tous les peuples.

Les intérêts des autres nations, ceux de chaque État, quels que soient les principes de leur gouvernement, dans quelque contrée de l'Europe que la nature ou les révolutions les aient placés, peuvent-ils différer de ceux de la France? Qui pourroit nier que ces intérêts ne soient une inviolabilité assurée aux jouissances de leur industrie, à leurs lois, à leur territoire et à tous les moyens par lesquels ils peuvent, sans blesser le droit des gens, accroître leurs richesses, leur prospérité et leur puissance; d'avoir enfin leur destinée liée à un systême d'harmonie politique qui les protège contre les atteintes que pourroit leur porter la jalousie ou l'esprit de domination des grands Etats.

Mais n'est-il pas d'un intérêt incontestable pour le repos et le bonheur de l'Europe, qu'il existe une nation qui, par l'attitude imposante que lui donne sa position physique, sa puissance, la force et la sagesse de ses institutions, par son respect pour celles des autres nations, devienne, au milieu de la lutte de tant d'intérêts politiques qui se croisent, et de tant de passions ambitieuses qui se combattent, un médiateur de confiance et juste, qui appaise l'aigreur des différens, concilie les droits respectifs, tienne d'une main ferme, de son côté, la balance politique, et, s'il ne peut réussir par la justice à commander le repos à toutes les ambitions, puisse concourir à faire rentrer enfin, non par l'orgueil, mais par l'exercice de sa puissance, les projets injustes dans la profondeur des cabinets qui les auroient conçus? L'on verroit sortir de cet ordre de choses, de cette évidence de principes, de raison et d'intérêts réunis, cette harmonie qui doit être le but et le voeu de tous les peuples.

La France, gouvernée par des monarques ambitieux, enchaînée par des alliances impolitiques, asservie constamment aux intérêts d'une maison régnante, a été condamnée jusqu'ici à jouer un rôle presque passif dans la politique européenne; elle n'a pu donner encore à sa politique cette fermeté de la sagesse qui appartient à une nation grande et magnanime. Pendant trois cents ans la guerre ou la paix a été un spectacle indifférent pour elle: des flots de sang ont coulé, des territoires entiers ont été envahis, ses alliés ont été opprimés; elle s'est tue devant ces injustices et ces malheurs. L'ambition de ses anciens maîtres et de leurs ministres a produit plusieurs guerres ; leur médiation n'en a empêché aucune.

L'Europe est devenue tour-à-tour le champ de bataille sanglant de toutes les cours. Jetez les yeux sur ce vaste théâtre ; voyez la balance politique, toujours incertaine, pencher d'un pole à l'autre. Le nord et le midi n'ont-ils pas été presque toujours le foyer des guerres qui ont embrasé le reste de cette partie du monde ? L'idée de l'équilibre a été une chimère, le prétexte de toutes les ambitions, la cause de toutes les guerres, le malheur constant des peuples. Quiconque a eu la puissance, a voulu conquérir, asservir et régner.

Trois couronnes ne peuvent assouvir l'avidité de ce Charles-Quint : possesseur du tiers de l'Europe, possesseur du Nouveau-Monde, cet avare dominateur ébranle le reste du continent pour lui donner des fers. La même ambition dévore l'ame de Philippe, son fils : la destruction de sa puissance par le courage d'un peuple qu'il opprime et que la nature dérobe à sa tyrannie, donne un exemple terrible à tous les despotes.

Voyez à une autre époque un autre Charles agiter et bouleverser le nord, chercher la guerre comme on devroit chercher la paix, traîner ses états jusqu'au fond de la Tartarie asiatique, sacrifier un peuple pour en conquérir dix autres, ne laisser aux contemporains que des malheurs, et à la postérité cette fatale célébrité attachée au nom des conquérans.

Citez-moi, dans les annales des temps modernes, depuis cette ligue où l'on vit quatre puissances conjurer la perte d'une république industrieuse formée jadis des peuplades échappées à la férocité d'Attila ; depuis la ligue de Cambrai jusqu'à l'envahissement de la Pologne, citez-moi une puissance qui n'ait pas une ambition, une guerre injuste à se reprocher, un espace de temps qui n'ait pas été ensanglanté par la guerre, et dites-moi quel système le génie de la politique et tout l'art des diplomates ont pu inventer pour arrêter le sang qui a été versé tant de fois, et le cours des événemens terribles qui ont bouleversé l'Europe depuis ces époques fatales.

C'est donc dans la situation actuelle des affaires, dans le résultat d'un grand changement, dans l'issue de la guerre, qu'il faut chercher les élémens d'une harmonie plus durable. Après tant de grandes révolutions, l'expérience et les malheurs instruisent les nations et les font arriver à la sagesse Les élémens de cette harmonie ne peuvent être fondés que sur des principes et des intérêts communs : ces intérêts, pour toutes les puissances, sont de conserver à la République française tous les avantages politiques qu'elle a gagnés dans la guerre, que sa sûreté lui prescrit, que la justice lui assure. Ces avantages politiques reposent dans les nouvelles limites dont elle va former son territoire ; ces limites sont devenues son indemnité légitime, sa défense naturelle. C'est là le point central du nouvel équilibre que doit prendre la balance politique de l'Europe, l'axe sur lequel elle doit tourner ; c'est sur le maintien de la puissance de la République française, enfin, que reposent la tranquillité générale des peuples, et le système de pacification générale.

Je développerai cette idée par des raisons qui ne sont pas venues s'offrir encore à l'esprit des écrivains politiques ; je réfuterai les raisonnemens du machiavélisme, de l'imposture soudoyée, et de la lâcheté qui trahit les intérêts du genre humain : mais avant il faut jeter des lumières sur cet objet qui fixe aujourd'hui l'attention de tous ceux qui réfléchissent. Il faut se représenter toutes les hypothèses, supposer même des événemens que le courage de la nation saura à jamais éloigner loin d'elle. Après avoir parlé de la puissance de la République française, parlons de sa destruction, le but frappant des ennemis armés contre elle : n'avons-nous pas déja un grand exemple sous les yeux ?

De quelle fatalité ne seroit pas la chûte de sa puissance, ou le démembrement de son territoire ? La ruine entière de son industrie, de son commerce, de ses arts, rameneroit bientôt ces âges de barbarie où l'Europe étoit l'héritage de quatre à cinq despotes ;

ou les peuples, plongés dans le sang des guerres civiles continuelles, rampoient sous la plus avilissante servitude, et sous les préjugés de l'ignorance. Dans un pareil état, la tyrannie dominante, détruisant la liberté et l'indépendance de tout peuple qui ne pourroit lui résister, s'empareroit du sceptre de la terre et des mers, usurperoit le commerce et l'industrie des autres peuples, et donneroit des lois et des fers aux deux mondes.

Vous verriez bientôt s'éteindre dans l'Europe les arts qui ont fait de cette partie du continent le centre de la civilisation, et y ont naturalisé tous les avantages et les jouissances de la société; vous verriez les peuples ramenés aux siècles féodaux d'ou ils se sont arrachés avec tant d'effort, et la nuit de l'épaisse barbarie s'étendre insensiblement sur la moitié du globe.

Qu'on me dise à présent si cette révolution, si jamais elle pouvoit arriver, ne seroit pas une affreuse calamité pour tous les peuples; et si la France heureuse versant autour d'elle les produits immenses de son territoire et de son industrie, transportant sur ses vaisseaux les riches productions de l'Amérique, pour en enrichir le commerce des autres peuples, ouvrant ses ports à tous les étrangers, éclairant le monde du génie de ses institutions, offrant dans son sein le modèle des établissemens les plus précieux au genre humain, présentant par sa masse imposante une protection toujours assurée à la liberté des peuples; par sa position, une digue invincible au brigandage des conquérans; qu'on me dise si, loin d'être un objet d'ambition, elle ne seroit pas plutôt le génie tutélaire que la politique devroit invoquer pour le bonheur général.

O vous, puissances aveugles, qui pourriez desirer dans votre cœur l'abbaissement de la France, ou qui restez, dans une sécurité dangereuse, spectatrices de ses dangers et de ses combats, voyez au nord cette coalition ambitieuse, arrachant les peuples de leurs déserts, pour les précipiter sur le territoire des autres peuples, envahissant le territoire antique et sacré des Polonois, méditant la conquête du trône des descendans de Mahomet, et menaçant de ses fers le reste de l'Europe.

Et lorsque l'infortunée Pologne vient d'être démembrée, que des provinces entières de la Turquie sont déja conquises, que la Bavière est menacée, que la même coalition envahit l'empire des mers et les établissemens des peuples dans les deux Indes, que ses armées vont portant par-tout devant elles l'étendard et le dogme du despotisme triomphant, que le droit des nations n'est plus une barrière pour les peuples opprimés contre les attentats de l'ambition, osez prédire, devant cet effroyable avenir, quel sera dans un siècle votre existence politique et les destinées de vos descendans.

Ah ! au lieu de ce silence immobile que vous gardez devant les événemens terribles qui se préparent, au lieu de porter peut-être une secrète envie à la République française, ne devriez-vous pas concourir de tous vos efforts à son affermissement? Nations qui aimez la liberté, ne devez-vous pas une reconnoissance éternelle au peuple qui a eu le courage d'attaquer le premier la tyrannie ; qui a proclamé le premier vos droits, qui a combattu pour tous, qui a bravé tous les dangers, et fait lui seul tous les grands sacrifices qui assureront un jour votre indépendance et celle de vos descendans. Le peuple français a été pour vous ce que fut Curtius pour son pays. Pouvez-vous en douter? Ses braves soldats qui ont péri dans les champs de batailles, comme les héros qui moururent pour leur patrie aux Thermopyles ; comme ceux qui, des plaines de l'Amérique, nous ont appelés à la liberté du fond de leurs tombeaux ; comme les magnanimes Polonais qui se sont ensevelis avec elle, tous défenseurs de la plus juste des causes, ne seront-ils pas à jamais les libérateurs des nations et les vengeurs de leur liberté? N'est-ce pas la mémoire et les vertus des hommes qui furent libres qui brisent les fers des peuples dans l'oppression ?

Mais vous, serviles politiques, qui devriez défendre avec énergie les droits des peuples et l'établissement d'un ordre politique qui assure enfin la paix à tous ; écrivains mercenaires, qui défendez au contraire avec tant de dévouement la cause des ennemis de la République française, vous voudriez que, lâchement généreuse, elle achetât cette paix déshonorante, en renonçant à ses justes conquêtes ! Ah ! rendez-lui donc la vie de six cent mille Français qui ont péri dans les campagnes de la Belgique ; rendez-lui donc les trésors qu'elle a consumés pour la liberté de ces contrées. Ne sont-elles pas devenues l'indemnité et le prix de tant de valeur, d'efforts et de sacrifices ?

Ah ! si devant ce tribunal, dont l'amour de la paix publique inspira l'idée sublime au vertueux St. Pierre, paroissoit le peuple français et les rois qui lui font la guerre ; si chaque partie belligérante venoit y discuter ses droits, croyez-vous que ce tribunal pourroit contester un moment ceux que la France réclame ? croyez-vous qu'aux yeux de juges impassibles, la juste indemnité des pays réunis à la République pût entrer en comparaison des pertes et des énormes sacrifices qu'elle a faits ?

Vous voudriez qu'elle renonçât à ce que vous appelez ses conquêtes ; qu'elle rendît à ses ennemis les pays qui vont assurer sa défense, et qu'elle restât encore exposée aux fureurs de ses anciens ennemis ! et le spectacle de ses plus beaux départemens ravagés par le féroce autrichien, leurs habitans dépouillés, mutilés, massacrés, n'ont excité en vous aucune réclamation, ne vous ont arraché aucune larme ; et le spectacle de l'infortunée Pologne, envahie, déchirée, démembrée par d'avides usurpateurs ; la vue de cette terre malheureuse, où le despotisme foule aux pieds les ossemens blanchis des braves guerriers qui sont morts pour leur pays, vous trouve muets et indifférens ! Tant de sang versé, tant d'outrages faits à l'humanité, n'ont pas crié vengeance dans votre cœur ! Votre plume indignée ne s'est pas élevée contre la violation la plus manifeste du droit des gens, contre l'attentat le plus audacieux à la propriété des peuples, dont les annales des siècles aient gardé la mémoire.

Cruels et lâches écrivains ! quelle étrange sagacité, quel intérêt vous mettez à défendre les usurpateurs ! et c'est ainsi que vous défendez les droits sacrés de la propriété et de la liberté des nations ; c'est ainsi que votre politique indulgente absout, consacre même les usurpations du despotisme, et met au rang des crimes les justes réclamations des peuples libres, au rang des usupations les indemnités qui leur sont dues! Ainsi, les traités de Pilnitz, les derniers traités des trois cours seront bientôt à vos yeux des traités d'alliance et d'amitié, et des garanties des intérêts du genre humain.

Vous dites, dans votre politique profonde, que la réunion des pays conquis par la République, est un obstacle à la paix : quel absurde langage encore! Eh! quoi! la réunion d'un peuple dont les intérêts sont communs, que la nature a placé sur le même territoire, environné des mêmes barrières, l'acquisition d'une population de trois ou quatre millions d'hommes, de nouvelles forteresses, de nouvelles richesses, d'un grand fleuve, la limite et le boulevard naturel de la République française; tous ces avantages qui accroissent sa puissance, qui lui donnent une nouvelle force contre ses ennemis, sont un obstacle à la paix! Et vous ne dites pas qu'ils sont pour eux une forte raison de lui demander la paix! et vous ne dites pas que toute cause qui réduit un ennemi à l'impuissance de vaincre, en est une pour lui de terminer la guerre!

Pour fortifier encore vos derniers raisonnemens, vous trouvez une impossibilité à la réunion, à la conservation des pays conquis, dans la différence des habitudes, des préjugés et des mœurs. Eh! quoi! le despotisme qui fait courber dans un moment, et pour des siècles, les peuples qu'il envahit, qui jouit d'une nation comme on jouit d'un héritage dont on est le maître, consulte-t-il donc toutes ces convenances politiques? La liberté auroit-elle donc moins d'attrait et de puissance sur le cœur humain que la tyrannie? et les peuples se plieroient-ils plus difficilement à ses institutions? Les hommes apporteroient-ils donc en naissant le goût de l'esclavage? L'horreur pour les tyrans seroit-il donc un sentiment si facile à effacer?

Toujours favorables à la cause que vous avez embrassée, vous dites que l'agrandissement de la République doit inspirer de la jalousie et des alarmes aux autres puissances de l'Europe ; et l'agrandissement et les invasions de plusieurs cours depuis trois siècles, celles qui viennent de se consommer sous vos yeux, celles qui se méditent encore, vous les contemplez avec confiance et sans alarmes!

Les rois auroient-ils donc le droit d'envahir et d'agrandir leur puissance, et les peuples libres n'auroient pas celui de songer à leur sûreté, de pourvoir à leur défense! Les conquêtes des cours seroient regardées comme des actes légitimes, et les droits incontestables des peuples comme des usupations! Les peuples libres seroient destinés à l'oppression, et les rois auroient le privilége d'opprimer! Non : il est une raison universelle qui confond également cette doctrine des tyrans et des esclaves; il est une justice au-dessus des erreurs et des passions de ceux qui gouvernent, et qui, vouant au mépris toute politique qui n'est pas fondée sur l'éternelle équité, repousse loin d'elle les sophismes et les crimes de l'ambition.

C'est cette raison, c'est cette justice universelle qui, pesant la cause et les motifs de la guerre d'un peuple pour sa liberté, les droits que lui ont donnés ses victoires, dictera les articles des traités qui doivent assurer la paix à l'Europe; c'est elle qui fera sentir aux ministres chargés de les rédiger, que la réunion des pays conquis à la République française est fondée sur des titres légitimes; que la possession de ces domaines, la démarcation des nouvelles limites dont s'entoure le peuple français, sont essentielles pour le repos et l'équilibre politique de toutes les puissances. Elle fera sentir à l'Europe entière que nous ne pouvons rendre les peuples conquis ou réunis à nous, les livrer à leurs anciens maîtres, sans trahir leurs droits, et renoncer imprudemment aux nôtres, sans nous déshonorer aux yeux des contemporains, et nous rendre coupables, auprès de la postérité, de la plus flétrissante lâcheté.

Loin de nous l'idée de discuter des droits que la justice auroit revendiqués, quand même la victoire, le consentement et la puissance des peuples réunis ne les auroient pas consacrés. Mais jetez les yeux sur la situation actuelle de l'Europe, sur le cours qu'y prennent les affaires, vous verrez si, dans votre plan de balance politique, la France, agrandie de ses nouveaux domaines, n'est pas un contre-poids nécessaire pour maintenir la paix et l'harmonie.

La Pologne n'est plus; elle formoit une barrière redoutable, que l'ambition, jusqu'à sa chûte, n'avoit osé franchir; elle tenoit, par la bravoure de ses peuples, un des premiers rangs dans le systême politique. On sait qu'elle eut la Prusse pour vassale, qu'elle donna un maître à la Russie, qu'elle sauva l'Autriche et l'Empire, et que, plus ambitieuse alors, et profitant de ses destinées, elle eût asservi peut être à ses lois les Etats qui viennent de l'engloutir. Elle est détruite: pouvez-vous calculer les suites de cet événement? Qui peut vous rassurer à présent contre l'ambition et les projets des puissances qui ont envahi et se sont partagé son territoire? Ne craignez-vous pas que les cours coalisées, armées de nouveaux moyens, de population, de force et de richesses, ne trouvant plus de barrières qui les arrêtent, enhardies par l'orgueil de leurs nouvelles conquêtes, ne méditent et n'exécutent des desseins plus funestes encore pour le reste de l'Europe? Ne craignez-vous pas que l'équilibre politique tout-à-fait rompu par la disparution de la Pologne, l'invasion et la conquête ne donnent les richesses, le territoire et l'indépendance des peuples à quelques usurpateurs; et que l'Europe, devenue le vaste champ de l'ambition, ne soit livrée, après de longs déchiremens et de cruels malheurs, à une éternelle servitude? Voilà certainement l'effrayante révolution qui vous menace. Et quel moyen trouverez-vous de vous en garantir, si une nation inexpugnable par la nature de ses limites, puissante par sa population et ses moyens de défense, ne remplace, dans le systême politique, le vide que vient de laisser la destruction de la malheureuse Pologne, et n'oppose une nouvelle barrière aux envahissemens des cours? Arrangez comme vous voudrez votre systême d'équilibre politique, il est d'un intérêt frappant pour tous les peuples; il convient essentiellement à leur repos et à leur sûreté que la République française puisse être toujours assez forte pour arrêter l'ambition des cours jalouses ou inquiètes, et rompre les projets désastreux qu'elles pourroient tenter contre l'indépendance des autres peuples.

Mais, pour approfondir toutes les chances des événemens politiques, restituez les pays conquis à l'Autriche, qu'elle revienne encore dans le voisinage du territoire français avec son habileté politique et ses projets de domination : renforcée alors contre vous de votre propre foiblesse, de tous les moyens que vous lui aurez rendus, de ses nouveaux domaines de la Pologne, de ses Etats d'Italie, de ses alliances, de ses traités de la coalition, ne pouvant être arrêtée par la Prusse, qui le seroit elle-même par la Russie, les autres Etats du nord et du midi condamnés, par leur éloignement, à une neutralité forcée, à un rôle passif dans les événemens qui surviendroient : je ne vois plus de frein à l'ambition de l'Autriche; je ne vois plus de repos pour les peuples : les pays en-deçà du Rhin deviendroient entre ses mains le levier fatal avec lequel elle anéantiroit d'abord la liberté batave, avec lequel elle ne cesseroit d'ébranler et d'agiter la France, jusqu'à ce qu'elle eût précipité cette République sous ses anciens tyrans.

Qui pourroit alors s'opposer à toutes les volontés de sa puissance? Seroient-ce les petits Etats du corps germanique? Mais, jaloux par la nature de leur constitution, sans accord entre eux, tremblans sans cesse pour leurs petites souverainetés, habitués à plier sous le despotisme du chef de l'Empire, quelle résistance pourroient-ils lui opposer? Resserrée au milieu des vastes domaines de ses empereurs, l'Allemagne pourroit-elle faire quelque mouvement qui ne fût comprimé, quelque pas vers l'indépendance qui ne fût découvert et rompu? Son éternelle destinée, après de vains efforts, ne seroit-elle pas de retomber dans les fers de la maison d'Autriche? et le plus pressant de ses intérêts n'est il pas de s'en affranchir, en s'attachant entièrement à la fortune de la République française, en votant pour la paix, et les indemnités qu'elle a droit d'attendre, que lui assure le droit des gens?

Il est donc de l'intérêt du corps germanique, dont la France est le naturel appui, autant que des autres puissances, si elles veulent sincèrement la paix, que la France soit un centre de prépondérance et d'équilibre, qui soit le garant de l'indépendance de tous, et les préserve des grandes commotions que pourroit porter au repos général l'ambition de quelques puissances. Ce n'est que par un systême, qui soit fondé à-la-fois sur les bases de l'intérêt général, de la modération et de la justice, que vous mettrez un terme à ces guerres affreuses qui ont ravagé le monde, que vous arrêterez le sang qu'un systême illusoire de politique a fait couler depuis trois cents ans.

La position physique du territoire, la conformité des mœurs, la convenance des besoins, des relations commerciales, d'une défense réciproque, ont rapproché les peuples, et ont formé, par des combinaisons d'intérêt et de crainte, ce qu'on appelle la balance politique : les traités sont venus cimenter en vain ces rapports; mais rien de tout cela n'a pu empêcher l'ambition, plus forte que les traités même, de boulverser une partie du globe; il faut choisir des bases plus solides de la paix générale et des liens plus puissans pour unir les peuples entre eux.

L'Europe est, dans ce moment, dans la situation la plus violente où elle se soit trouvée depuis l'invasion des peuples du Nord; les irruptions de ces peuples, les guerres civiles qui vinrent à la suite, la désolèrent pendant des siècles, détruisirent les lumières et les arts; une révolution nouvelle menace encore de la replonger dans cet état de barbarie, d'où l'ont tirée les progrès lents de l'esprit humain : tels sont les événemens que la politique apperçoit avec effroi dans le sombre avenir; il faut qu'il sorte de ce désordre effrayant une harmonie et un ordre de choses qui préviennent des révolutions générales.

Mais cet ordre ne peut venir qu'avec la paix, ne peut être fondé que sur la paix. Le prolongement de la guerre ne peut amener que les calamités les plus profondes pour ceux mêmes à qui l'issue en seroit favorable ; chaque jour creuse un abyme dévorant où la guerre précipite la population, la fortune, l'industrie des peuples : encore deux ans, et les combattans seroient forcés de déposer les armes devant la famine et tous les maux qu'entraînent après elles de longues hostilités. La guerre, devenue nécessaire pour un peuple qui avoit à défendre sa liberté, quand ce peuple a vaincu, ne doit avoir que la paix pour objet ; la République française doit donc porter la paix dans son cœur. La postérité, qui sera juge d'une aussi grande cause, ne lui imputera pas les horreurs et les infortunes qu'enfante ordinairement la guerre : ce sont ceux qui la prolongent en vain qui en seront responsables. Ah ! si, dans ces cabinets où elle se décide devant ces ministres qui la signent, apparoissoient toutes les victimes sanglantes qui ont péri dans les combats de part et d'autre, quelle est la main prête à signer encore la destruction, qui ne devroit pas être arrêtée à cet affreux spectacle ?

La France s'est armée pour son indépendance ; elle ne combat que pour la paix ; mais elle veut qu'elle soit honorable et grande comme elle, utile pour tous. L'exagération où la révolution avoit porté certains esprits, avoit bien pu servir de prétexte à nos ennemis pour nous peindre aux autres peuples, dans leurs manifestes, comme des hommes qui ne vouloient que conquérir ou usurper. Les principes et les actes du gouvernement républicain ont déja démenti, à la face de l'Europe, ces assertions de la haine et de l'ambition de nos ennemis. Les traités de la République française avec l'Espagne et la Prusse répondront assez à ceux qui lui ont supposé des vues d'ambition et de prédominance.

Mais l'Angleterre et l'Autriche peuvent-elles se vanter, au milieu des sanglans débats qu'elles éternisent, d'autant de loyauté et de justice ? N'est-il pas visible qu'elles combattent encore, non pour la liberté des peuples, mais, l'une pour affermir en ses mains la domination des mers et l'usurpation du commerce des autres nations, l'autre l'agrandissement et la puissance que son astucieuse politique poursuit avec ardeur depuis trois cents ans? N'est-il pas visible pour tout homme qui a quelque sens en politique, que ces deux puissances, dégagées par leur position de toute espèce de rivalité, réunies dans les mêmes desseins, marchent toutes les deux à l'exécution des mêmes projets, à régner, l'une sur le continent, et l'autre sur cet élément qui est devenu le chemin de la prospérité des peuples de l'Europe?

La voilà cette ambition éternelle, l'ennemie du repos et de la liberté des peuples, et la cause de tous les maux de la guerre!

Il y a deux ans, les ennemis de la République française, lorsqu'elle prenoit les armes pour la défense de sa liberté, l'accusoient de vouloir renverser le gouvernement des autres nations, et elle déclaroit solemnellement alors qu'elle ne s'immisceroit jamais dans le gouvernement d'aucun peuple, et les manifestes qui retentissoient de ces accusations atroces, sont écrits de la main de ceux qui signoient le traité de Pilnitz, et qui s'armoient pour renverser la République et lui donner un maître! Ils disent à présent que le gouvernement français est incompatible avec le gouvernement et la tranquillité des autres peuples, tandis que la nature de la constitution française est d'appeler à l'amitié et à l'alliance du peuple français toutes les autres nations, tandis que leurs ambassadeurs mêmes ont reçu les marques éclatantes de ces sentimens au sein de la représentation nationale.

Ils disent que la République n'a point encore acquis assez de stabilité pour que l'on puisse traiter de la paix avec elle; et ceux qui tiennent ce perfide langage, font tous leurs efforts pour renverser son gouvernement; ils se vantent d'organiser dans son sein l'art détestable des trahisons, des conspirations et des guerres civiles! Les orateurs de cette isle d'où partent tous les malheurs et tous les crimes, déguisant leurs desseins sous le voile d'une fausse générosité, osent dire encore que leur courage a sauvé l'Europe d'une révolution qui menaçoit de la ravager; et l'or du peuple qu'ils tyrannisent, soudoie les armées qui viennent d'envahir la Pologne, et ils usurpent la liberté des mers, détruisent les établissemens et le commerce des autres nations, et ils se coalisent pour ruiner toutes les autres puissances du continent, et ils osent se dire les protecteurs et les vengeurs de la liberté des peuples! C'est par l'art de ces raisonnemens fallacieux qu'ils trompent les peuples, qu'ils prolongent et appesantissent sur eux les malheurs de la guerre. Vingt siècles n'ont pu effacer le déshonneur de l'ancienne Carthage! Quel nom donnerons-nous à cette autre foi punique, à cette perfidie qui accuse les autres des crimes qu'elle ne cesse de commettre; parle de paix, lorsqu'elle attise par-tout la guerre, d'indépendance et de justice, lorsqu'elle épuise tous les forfaits dudespotisme?

L'opinion publique a déja fait justice de tant d'absurdes calomnies. Maintenant, pour couvrir l'injustice de leurs hostilités, ils accusent la France de vouloir s'agrandir par des conquêtes. Depuis quand une nation environnée, d'un côté, par les mers; de l'autre, par des montagnes et des grands fleuves, par des nations armées, assise sur le sol le plus fertile, que sa prospérité intéresse constamment à la paix, dont la guerre détruit la prospérité, est-elle appelée à être conquérante? La nature ne lui a-t-elle pas fixé des bornes comme à l'Océan? Tout ne dit-il pas à la France d'être pacifique?

Les peuples conquérans sont les peuples pauvres ou ceux que la nature a placés dans de vastes déserts, qui n'ont devant eux aucune barrière insurmontable, mais qui ont sous les yeux des peuples riches, foibles et sans défense : voilà les peuples toujours poussés par la nécessité ou l'ambition aux conquêtes. Les conquérans sont ceux encore qui, jaloux de la fortune et de l'indépendance des autres peuples, avides de domination, se coalisent et se réunissent pour envahir leur territoire, pour renverser leurs lois, et allumer dans leur sein la guerre civile.

Mais la France est-elle appelée à cette ambition, à cet état forcé dans l'ordre de la civilisation? Ses institutions, son respect pour le gouvernement et la liberté des autres peuples, son amour pour les arts, l'intérêt de sa prospérité ne sont-ils pas des garans assurés de sa modération et de la sagesse de sa politique ? Le commencement de ses conquêtes seroit pour elle le signal de la ruine de sa puissance, et cette imprudence n'entrera jamais dans les maximes de son gouvernement.

Vous continuez la guerre, dites-vous, pour achever d'éteindre ces opinions républicaines qui réveillent dans le cœur de vos peuples ces sentimens d'amour de la liberté et d'énergie que la nature, gravant en traits de feu dans le cœur humain, a armés dans tous les temps contre le despotisme. Imprudens politiques, vous pouvez tuer beaucoup d'hommes encore par la guerre, mais vous ne tuerez jamais des opinions qui seront éternelles comme la nature, qui braveront vos lois de fer et renaîtront sous la hache des bourreaux pour faire pâlir les despotes au sein même de toute leur puissance : les cris des hommes libres que vous persécutez perceront les murs épais et les portes de fer des bastilles où vous les précipitez pour étouffer leur pensée. Vous avez beau peindre la liberté comme un malheur, vous avez beau frapper ses généreux élans, courtisans insensés, elle se vengera tôt ou tard de tant de calomnies et d'outrages.

Voulez-vous appaiser chez vous les insurrections qui vous alarment ? voulez-vous ne plus entendre ces réclamations qui vous effarouchent ? ah ! soyez justes envers le genre humain : n'opprimez pas les peuples qui ont eu le courage et le bonheur de détruire la tyrannie. C'est dans la fin de cette guerre, qui irrite tous les amis de la liberté, que vous détruirez le germe de toutes les insurrections, et que vous trouverez la paix chez vous. Sa durée sera un volcan que vous ouvrez sous vos pieds, et qui vous engloutira les premiers.

Vous, peuples, les amis et les alliés de la République française, Belges, devenus avec nous les enfans de la commune patrie : vos ennemis sont les nôtres ; nos dangers sont communs. Le brisement de vos fers sera un crime éternel aux yeux de vos anciens tyrans. Semblables à des eslaves échappés à la barbarie de leurs maîtres, vous ne tomberiez en leurs mains que pour être chargé de plus cruelles chaînes. Voyez-vous le spectre hideux du despotisme planer sur vos frontières, la fureur dans les yeux et la vengeance dans le cœur? Eh bien, une fois dans son pouvoir, ce monstre vous dévoreroit vous et vos enfans. Armez-vous, marchons ensemble contre lui, et ne reposons les armes que lorsque les bords du Rhin seront entièrement affranchis de la présence de ses satellites.

Et vous, Bataves, qu'une alliance sacrée a resserrés avec nous, votre cause est la nôtre; tous les peuples libres sont frères. Jurez avec nous, par ce courage qui vous a délivré du double joug d'un statoudher et d'un gouvernement qui vous avoit asservis, que vous défendrez jusqu'à la mort votre indépendance; vous avez donné des otages à la liberté, vous êtes aussi coupables aux yeux de ses ennemis. Songez qu'il n'y aura plus de tyrannie sur la terre quand tous les peuples seront décidés à s'immoler pour la liberté.

J'ai démontré les intérêts de la République française et son vœu pour une pacification prompte. J'ai prouvé que la prospérité et l'indépendance des autres peuples étoient attachées à la prospérité et à l'indépendance de la nation française; que sa position dans ses nouvelles limites étoit un équilibre nécessaire dans la balance politique de l'Europe; que de ce système dépendoit l'harmonie, la sûreté et la tranquilité des autres peuples. J'ai dévoilé les dangers dont une coalition ambitieuse menaçoit leur indépendance; j'ai tracé les moyens politiques qui pouvoient en arrêter les projets.

Puisse la République française sortir victorieuse de tous ses dangers, et s'élever à toute la hauteur de ses belles destinées! Puissent ses conseils et les chefs qui la gouvernent, pénétrés de la sainteté de leurs devoirs, et de la gloire du poste où la patrie les a placés, suivre constamment dans leurs délibérations et dans l'action du gouvernement, cette sagesse et cette fermeté de principes invariables qui firent la force et la grandeur de quelques nations qui vivent encore dans la mémoire des hommes, au milieu de cette foule de peuples que le torrent des âges a précipités dans l'oubli!

Puissent les idées à peines ébauchées que nous a inspirées la situation de l'Europe, appeler le génie des vrais amis de la liberté dans la carrière des grandes pensées de la politique ! Puisse ce génie préparer le bonheur des générations qui doivent nous succéder !

A PARIS, DE L'IMPRIMERIE NATIONALE.
Pluviôse, l'an IV.

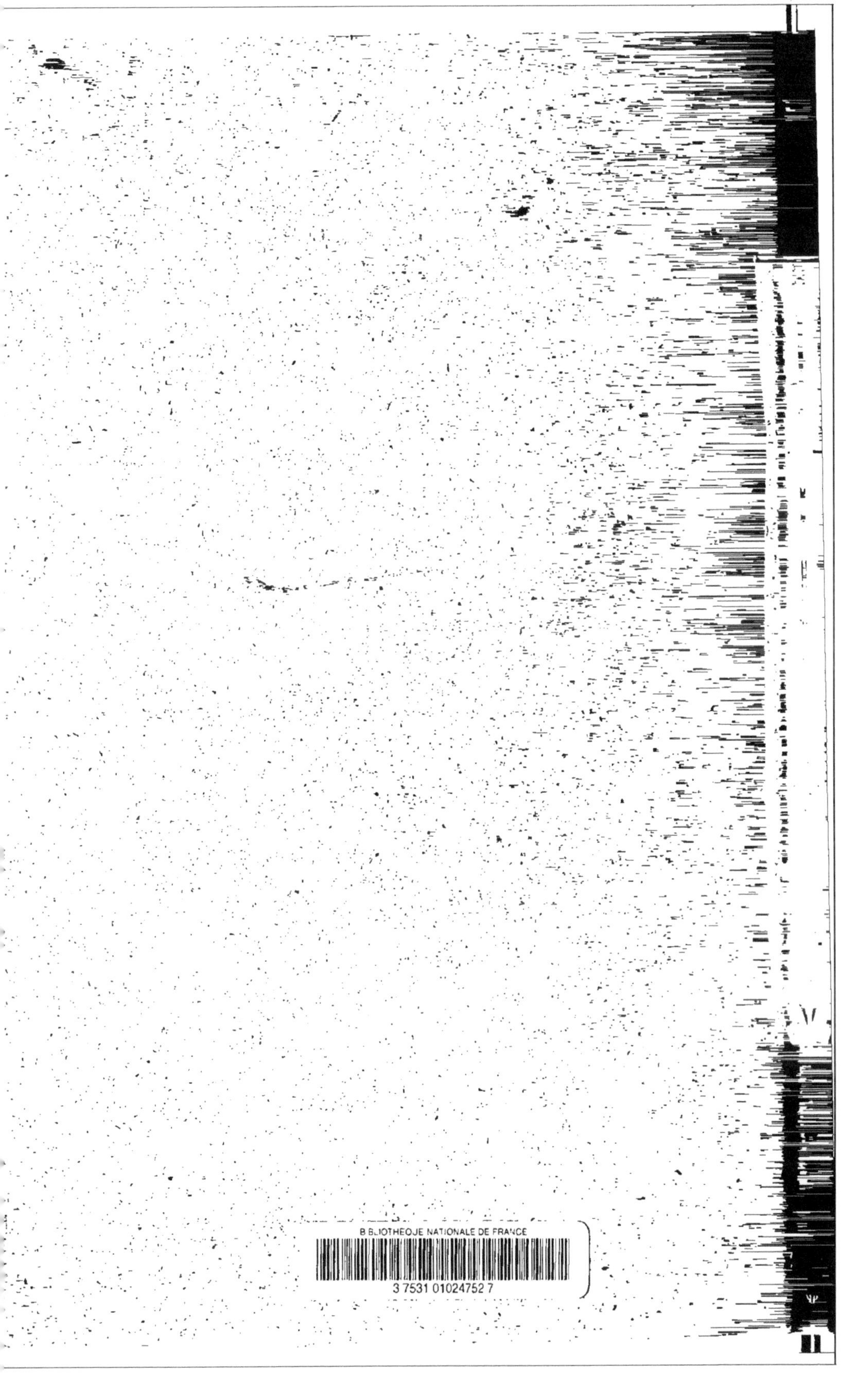

www.ingramcontent.com/pod-product-compliance
Ingram Content Group UK Ltd.
Pitfield, Milton Keynes, MK11 3LW, UK
UKHW020452220726
13923UKWH00005B/2497

9 782019 253561